Bruno Osimo

TRADUZIONE DELLA CULTURA

Problemi traduttivi in relazione alle differenze culturali

Bruno Osimo è un autore/traduttore che si autopubblica

La stampa è realizzata come print on sale da Kindle Direct Publishing

ISBN 9788898467945 per l'edizione cartacea

ISBN 9788898467938 per l'edizione elettronica

Contatti dell'autore-editore-traduttore: osimo@trad.it

Questo articolo era stato già pubblicato in: Piretto, Gian Piero (a cura di), *Parole, immagini, suoni di Russia*, Unicopli, Milano, 2002:35-51.

Traslitterazione

La traslitterazione dei nomi è fatta in base alla norma ISO 9:

â si pronuncia come 'ia' in 'fiato' /ja/

c si pronuncia come 'z' in 'zozzo' /ts/

č si pronuncia come 'c' in 'cena' /tɕ/

e si pronuncia come 'ie' in 'fieno' /je/

ë si pronuncia come 'io' in 'chiodo' /jo/

è si pronuncia come 'e' in 'lercio' /e/

h si pronuncia come 'c' nel toscano 'laconico' /x/

š si pronuncia come 'sc' in 'scemo' /ʂ/

ŝ si pronuncia come 'sc' in 'esci' /ɕː/

û si pronuncia come 'iu' in 'fiuto' /ju/

z si pronuncia come 's' in 'rosa' /z/

ž si pronuncia come 's' in 'pleasure' /ʐ/

Sommario

Cultura come traduzione della realtà

Una cultura è un modo di percepire la realtà. Non tragga in inganno il verbo «percepire». Qualcuno potrebbe pensare che, se la realtà oggettiva di una cultura è la stessa, anche la sua percezione debba essere unica per tutti gli individui. Ma la percezione è un fenomeno soggettivo, e ciò che è percepito non è la fotografia della realtà, ma una delle tante fotografie possibili. L'esperienza dell'individuo giunge a influenzare anche le sue modalità percettive.

Quando leggiamo un quotidiano, i materiali sono divisi in varie categorie:

politica, cronaca, spettacoli, commenti, sport e così via. In modo simile, all'interno di una cultura si tende a usare determinate categorie in cui viene scomposta – spesso in modo implicito, dandolo per scontato – la realtà percepita. Ci sono giornali che dedicano una pagina all'economia, altri che gliene dedicano venticinque e non le chiamano «economia», ma suddividono il soggetto più specificamente in «borsa», «finanza», «aziende» ecc. Ci sono giornali che hanno una pagina sulla nautica, altri che ne hanno invece una sull'alpinismo. In quest'ultimo caso, una notizia che potrebbe comparire sulla pagina «nautica» va a finire, in mancanza d'altro, in una zona generica, magari dedicata alle notizie varie, o allo sport. La realtà rispecchiata da questi giornali è la stessa, ma la lettura che ne viene data è diversa, diversa la categorizzazione. E percepire comporta che la realtà percepita sia tipologizzata (e perciò stesso interpretata), perché questo è l'unico modo per fare tesoro dell'esperienza passata nella comprensione del presente[1].

Abbiamo parlato di tipologia implicita della realtà: e in effetti qualsiasi testo ha due componenti: ciò che viene detto (esplicito) e ciò che viene comunicato senza essere detto perché è dato per scontato (implicito). Il non-detto è ricavabile da un più o meno grande contesto, ossia dalla cultura in cui l'enunciato s'inserisce. La possibilità di non

---

[1] Eco 1997:109-114.

dire sempre tutto è una risorsa preziosa. Si pensi per esempio a un bigliettaio che sale sull'autobus e dice: «Biglietti, prego!» Se gli toccasse esplicitare il non-detto, dovrebbe fare un discorso lunghissimo: «Questo è un autobus della compagnia X. Per accedervi, occorre disporre di un documento, costituito da [...]. Dato che qualcuno potrebbe non avere tale documento, io vengo mandato, a pagamento, dalla compagnia X a controllare...». Si noti che, anche in questa spiegazione più dettagliata, moltissimi elementi sono dati per scontati.

Le diverse culture attribuiscono alla parte non detta della comunicazione cómpiti diversi. (Capovolgendo la prospettiva, si può anche dire: il ruolo assegnato al non-detto in comunicazione si chiama «cultura».) Il loro contenuto implicito varia a seconda del variare del contesto ambientale. L'affermazione

Ho fatto colazione

inserita nel contesto della cultura italiana generica ha un contenuto di non-detto che si può concretizzare, per esempio, in una tazza di caffè con o senza latte, forse in una brioche o in pane, burro e marmellata. La stessa affermazione, inserita nel contesto della cultura russa contemporanea, facilmente rimanda ad alimenti diversi: salsicce e cavolo stufato, per esempio, e un caffè – molto diverso da quello italiano – forse soltanto alla fine del pasto. Come si vede da questo esempio gastronomico, il non-detto può costituire una parte davvero sostanziale del messaggio.

Abbiamo parlato di tipologia della realtà. Le differenze presenti tra le culture fanno sì che intere categorie di oggetti o fenomeni possano esistere in una cultura e mancare in un'altra. Più in una cultura si approfondisce un aspetto, un argomento, più si ha bisogno di categorie specifiche per orientarvisi. In una cultura mediterranea, per esempio, caratterizzata dalla presenza o dalla vicinanza del mare, tutto ciò che ha a che fare con la vita marittima è descrivibile in termini assai più dettagliati che non in una cultura in cui il mare è presente solo come elemento remoto, come è il caso della grande parte continentale della Russia. Tornando al cibo, in Russia esistono i zakuski, categoria assente dalla cultura italiana: qualcosa che ha a che fare con gli antipasti, gli spuntini, dei bocconi da mandare giù per accompagnare una bevanda alcolica. Tale categoria esiste perché è uso bere a tavola vodka e altri superalcolici, fenomeno che nella cultura italiana è molto più limitato data la presenza tradizionale (mediterranea anche questa) del vino. Il fatto che in una cultura esista una categoria (fatto spesso rispecchiato anche dalla presenza, nella lingua, di una o più parole che la riguardano) e occupi un determinato spazio di senso modifica il modo in cui la mente delle persone classifica – consapevolmente, ma più spesso no – la realtà.

Quando un fenomeno è implicito dalla nascita, a volte si fatica a rendersi conto che esiste. Il bambino (o l'adulto) che ha sempre parlato la propria lingua madre non ha coscienza del funzionamento di tale lingua finché non comincia a ragionare in termini metalinguistici (ossia comincia a studiare la grammatica della propria lingua, interrogandosi sul perché di un meccanismo che ha sempre funzionato "da solo")[2]. Il vero salto di consapevolezza è però lo studio di una lingua diversa da quella materna: il confronto tra le due lingue mette in risalto le differenze; le caratteristiche della lingua madre, prima date per scontate, diventano tratti distintivi

---

[2] Osimo 2000:33-45.

[3]. Qualcosa di simile avviene con l'implicito della cultura, costituito dall'implicito non solo linguistico ma anche in molte altre sfere.

La consapevolezza di come è fatta la propria cultura è data dal contatto diretto o indiretto con culture altre e dal riconoscimento della loro diversità. Vivendo in un sistema da cui è bandito (in cui è censurato, negato, sconosciuto) ciò che è diverso, ci si forma inconsapevolmente l'illusione che tutto il mondo sia uguale al proprio sistema: una sorta di provincialismo, in parole povere. Conoscere culture diverse significa – innanzitutto – capire che la propria classificazione della realtà non è l'unica

[3] JAkobson 1987:413-435;95-114.

possibile, che in altre culture esistono categorie diverse e difficilmente immaginabili dall'interno della propria.

Schematizzando, esistono due atteggiamenti: uno centrifugo, che tende a proiettare tutto intorno al proprio sistema le regolarità, le categorie, i parametri vigenti nel proprio; e uno centripeto, che tende a riconoscere le differenze circostanti nei sistemi altri e a compararle alla pari con le caratteristiche della propria sfera. Il primo atteggiamento non è curioso della diversità, ha solo l'ansia di applicare categorie proprie alla cultura altrui, di omogeneizzare la diversità per farla apparire simile a ciò a cui si è abituati: è appropriazione della cultura altrui. Il secondo atteggiamento, per contro, misura costantemente i limiti della propria cultura in un confronto continuo con le culture altre: è la consapevolezza della dinamica proprio/altrui[4].

La semiosfera[5] è l'universo visto da questo punto di vista: l'insieme delle culture e le loro relazioni reciproche. La suddivisione della semiosfera può avvenire a vari livelli. Le divisioni più grandi possono riguardare continenti o stati (culture nazionali), per scendere sempre più di dimensione fino alle culture dei singoli individui. Anche l'individuo ha una propria cultura, dal cui punto di vista tutto il resto della semiosfera è "altrui". Quando pensiamo, al nostro interno usiamo un

---

[4] Bahtin 1979:67-230.

[5] Lotman 2000:250-334.

linguaggio diverso da quello verbale, molto più veloce, e multimediale (non pensiamo solo immagini, ma anche suoni, odori, sapori, parole). Non abbiamo bisogno di usare il codice verbale – più lento e meno espressivo – se non quando dobbiamo comunicare nostri pensieri all'esterno, ossia quando desideriamo tradurre elementi che fanno parte della nostra cultura personale in un codice che sia comprensibile anche al nostro esterno[6].

In altre parole, ognuno ha un proprio linguaggio interno, una propria cultura che è anche una lettura soggettiva della realtà. Quando si parla di "leggere" la realtà, si sottintende la metafora che la

---

6 Vygotskij 1990:332. Levelt 1993:11. Crowder-Wagner 1992:157-188.

realtà è un testo, come in effetti risulta possibile in una concezione semiotica[7]. Interpretare la realtà, dare di questa realtà una lettura, significa tradurla in una cultura. La cultura è dunque una traduzione della realtà e, così come un testo si presta a varie traduzioni, anche le culture possibili sono molto numerose.

---

[7] Peirce, 1931-1958, Barthes 1994, Lévi-Strauss 1958, Lotman 1964:59-60.

Comunicazione come cultura del confine

S'è detto che, all'interno di una cultura, può esserci o no la consapevolezza dei limiti della propria cultura e dell'esistenza di altre culture. Lo spartiacque tra le due possibilità è dato in primo luogo dalla conoscenza di culture diverse dalla propria e, in seconda battuta, dal bisogno e dal desiderio di comunicare all'esterno. Partendo dalla dimensione individuale, a un estremo possiamo collocare l'autismo – inteso come strategia individuale che implica la negligenza della realtà esterna –, il solipsismo, l'ermetismo. In questi casi la cultura altrui viene negata o minimizzata. Man mano che il grado di socievolezza aumenta, progressivamente si moltiplicano strategie atte a tradurre la cultura propria in altrui e viceversa.

Nella dimensione superindividuale, la situazione è molto simile. All'interno di un gruppo – per esempio famiglia, corporazione, sindacato, generazione, ideologia, istituzione, tifo sportivo, fanatismo musicale, città, provincia, nazione, stato – può esserci la tendenza al confronto con l'esterno oppure una tendenza autistica a interessarsi soltanto a ciò che è presente all'interno. Tutti i membri di un gruppo che si adoperano per far conoscere la propria cultura all'esterno e per far conoscere le culture esterne all'interno svolgono funzioni traduttive, e incarnano la cultura del confine[8]. Tale funzione traduttiva non è solo linguistica, ma spesso è *anche* linguistica, perché ogni gruppo ha il suo lessico, il suo vocabolario, che rispecchia la peculiarità del non-detto nella cultura specifica di quel gruppo.

---

[8] *Granica.* Lotman 2000:257-268.

Passando dallo stadio, sento gridare «Sceva gol». Non appartenendo al gruppo dei tifosi, chiedo a qualcuno disposto a farlo di spiegarmi cosa significa. Mi viene spiegato che esiste un calciatore, Shevchenko, e che il pubblico lo incita affinché realizzi una rete in una partita di calcio. La persona che mi dà le spiegazioni ha svolto una traduzione intralinguistica[9] (dall'italiano all'italiano), ma non per questo meno utile o difficile di quella da una lingua all'altra. Ora che conosco un aspetto del mondo calcistico che prima ignoravo, vedo il resto del mondo con occhi diversi. Per esempio, so che esiste la possibilità di abbreviare un cognome troncandolo dopo la prima sillaba e

---

[9] Jakobson 1987:429.

sostituendo le altre con un suffisso -a, che si contrappone alla tendenza anglofila a usare il suffisso -y[10].

Intesa in questo senso molto più ampio di quello, angusto, tecnico, la traduzione è uno strumento di crescita e fecondazione reciproca tra culture. Il fatto di leggere la medesima realtà sotto punti di vista diversi arricchisce enormemente le capacità cognitive e suggerisce letture ancora diverse e soluzioni a problemi. Un esempio potrebbe essere costituito dalla lettura, in un giornale russo, della cronaca relativa all'Italia. Di certo tale realtà viene letta in modo molto diverso da quanto si faccia dall'interno, filtrata dalle categorie e

---

[10] Quello per cui, per esempio, «Giuseppina» diventa «Giusy».

dai sistemi di valori della cultura russa. Stesso tipo di straniamento avvertirebbe il russo che leggesse la cronaca russa in un giornale italiano. E lo straniamento derivante dall'adozione di un punto di vista inedito è uno dei procedimenti letterari fondamentali individuati dai formalisti russi[11].

Il fatto che tra le culture di due gruppi ci sia una tendenza centrifuga o centripeta, ossia alla curiosità o all'appropriazione, dipende anche dai rapporti di forza in essere tra i due gruppi. Il maggiore o minore interesse reciproco è dovuto sia alla concezione di sé che il gruppo ha sia alla considerazione per l'altrui. È noto che per i greci i popoli

[11] Todorov 1977:82.

altrui erano bárbaroi, «balbuzienti», «barbari», mentre per gli slavi le popolazioni germaniche con cui confinavano a ovest erano nemtsy, ossia «mute». I greci avevano un'alta – forse non immotivata – opinione di sé, perciò tendevano a considerare meno evolute e inferiori le culture che non avessero tradizioni politiche e sociali paragonabili. Gli slavi, dal canto loro, ritenevano che i popoli non slavi non parlassero una lingua diversa, ma, assolutizzando il proprio punto di vista, che fossero decisamente incomprensibili o incapaci di parlare.

Ci sono viceversa casi in cui culture egemoniche esercitano su quelle satelliti influenze fortissime. Nel presente, la cultura italiana è per certi versi al traino di quella statunitense. Libri e film statunitensi circolano copiosamente da noi, assai più di quanto non succeda il reciproco. Diversamente, se se desidera vedere un film per esempio russo nelle sale italiane, tranne poche eccezioni è necessario "cogliere l'attimo" perché la loro circolazione è quantomeno assai limitata. Passando al campo della moda, molti russi vestono volentieri capi italiani, ma il reciproco non è altrettanto frequente.

Sono fenomeni che, come vediamo, hanno forti ripercussioni anche sul modo di tradurre le culture. Una prima traduzione dei fenomeni culturali è preventiva, e consiste nelle aspettative che la cultura si fa su un fenomeno esterno. Un film russo di tre ore è, a priori, considerato noioso, mentre Gone with the Wind, nonostante la lunghezza, è considerato da taluni un film di culto. Passando dalla lunghezza della pellicola a quella delle sequenze, basta la durata di un'inquadratura a far spazientire lo spettatore educato – inconsapevolmente – al canone statunitense delle inquadrature in rapida successione.

Si può parlare di «periferia» e «centro» del polisistema culturale facendo riferimento alla marginalità o alla centralità di una cultura rispetto a un'altra[12]. Nell'esempio sugli U.S.A. si trattava della cultura di una nazione, ma si potrebbero fare discorsi analoghi sulla cultura del libro rispetto alla cultura del film o del teatro, e

[12] Even-Zohar 1990:47.

così via. Più una cultura è marginale, meno è stabile perché maggiormente esposta alle influenze altrui. Viceversa, più è centrale, più è stabile.

Esiste un diverso grado di innovatività di un sistema culturale all'interno della cultura nell'insieme. Il carattere innovativo può derivare da una di queste tre condizioni della cultura: 1. si tratta di un sistema non ancora cristallizzato, di una cultura giovane, aperta agli stimoli esterni derivanti dalle altre culture; 2. si tratta di una cultura periferica rispetto a quelle dominanti a livello mondiale, oppure debole, o entrambe le cose; 3. sta attraversando una fase di svolta, di crisi, di vuoto[13].

---

[13] Even-Zohar 1990:53-72.

Traduzione linguistica e traduzione culturale

Un esempio di collocazione periferica o centrale di un sistema all'interno della cultura è dato proprio dalla scienza della traduzione. Per molto tempo lo studio della traduzione è stato considerato un aspetto della più ampia scienza linguistica. La traduzione era vista unicamente come trasposizione di un testo da una lingua all'altra (la «traduzione interlinguistica» di Jakobson). Di conseguenza, la collocazione della ricerca sulla traduzione era periferica rispetto al sistema centrale della linguistica.

Quando Jakobson ha spianato la strada allo studio della traduzione in una prospettiva non solo linguistica ma, più in generale, semiotica[14], includendo nel concetto di «traduzione» anche trasferimenti di testi non linguistici o non interlinguistici, la traduzione è diventata un concetto sempre periferico ma relativo alla periferia di vari sistemi, non solo quello linguistico. Così ha cominciato a conquistarsi una fisionomia autonoma. Negli ultimi vent'anni del Novecento si è verificato un aumento notevole della produzione di testi che avessero come argomento centrale proprio la traduzione. Non a caso, in questo periodo la disciplina ha cominciato a darsi dei nomi[15].

Con il nuovo secolo, sono stati fatti da più parti tentativi di inserire il concetto

[14] Peirce, 1931-1958, v. 5, 3, 1, 488.

[15] Traductologie, Übersetzungswissenschaft, Translation Studies, perevodovedenie.

di traduzione al centro del sistema culturale semiotico: prima Lotman, poi anche Gorlée e Torop[16] hanno parlato di «traduzione» come concetto fondamentale per la definizione della stessa semiotica. Così la traduzione ha compiuto tutta la strada dalla periferia al centro della cultura della comunicazione.

Oltre ai numerosi motivi *teorici* per abbracciare con «traduzione» anche aspetti extralinguistici, ve ne sono di *pratici*[17]. Pushkin nell'*Evgénij Onégin*, parlando delle rive della Nevà, dice «tam nekogda gulâl i â», che all'incirca, dal punto di vista

---

[16] Lotman 1984:6-14. Gorlée 1994. Torop 2000:345-362.
[17] Delabastita 1993:1-54.

strettamente linguistico, significa «là un tempo passeggiavo anch'io». Tuttavia, se si prende in considerazione il senso del verbo *gulât´* nella cultura di Puškin e dei suoi contemporanei, ci si rende conto che la traduzione meramente linguistica è angusta. «Gulât´» può significare anche «spassarsela», «divertirsi», «oziare»: l'affermazione del narratore cambia quindi prospettiva a seconda che nella traduzione si privilegi un approccio linguistico o culturale.

Traducibilità del testo e traducibilità della cultura

Quando si parla di traducibilità, si dà per scontata la (maggiore o minore, comunque limitata) competenza del traduttore e ci si riferisce ai problemi insiti nel testo. Una prima serie riguarda il fatto che nei linguaggi naturali[18] i segni sono anisomorfi. In altre parole, le relazioni esistenti tra segni linguistici non sono né stabili né precise. Si può dire 2+2=4, ma non si può dire camminare+velocemente=correre. Se sostituisco nell'espressione 4x4=16 il suo equivalente (2+2)x(2+2)=16, continua a funzionare. Se invece sostituisco a «Putin

[18] Per distinguerli da quelli artificiali, come la matematica.

corre per la presidenza» «Putin cammina veloce per la presidenza», oppure a «Corri il rischio di cadere» «Cammini veloce il rischio di cadere», non funziona più. Le possibilità di significazione di un segno linguistico sono poco definibili, è più facile fare esempi che enunciare regolarità. E da una lingua all'altra tali possibilità (culturali e non prettamente linguistiche) variano, così che non esistono equivalenze linguistiche segno-segno.

Il contenuto implicito della cultura è un altro nodo centrale dei problemi di traducibilità, specie quando la cultura emittente e la cultura ricevente prese in considerazione per il singolo atto traduttivo danno per scontate cose diverse. Prendiamo il caso del dialogo:

«Amiamoci!»

«Prima devo divorziare».

proiettato sulla cultura italiana e su quella russa. Nella prima, la replica appare dilatoria: non esclude la possibilità che si realizzi quanto auspicato dall'interlocutore, ma rimanda il tutto a un futuro remoto in cui sarà stato possibile procedere alla separazione legale, lasciar decorrere i mesi necessari, quindi procedere al divorzio. Nella cultura russa, invece, dove divorziare e sposarsi sono rapidi atti anagrafici, potrebbe essere questione di poche ore realizzare il desiderio del primo interlocutore. La traduzione culturale della replica, consistente qui nell'esplicitazione delle conseguenze del non-detto culturale, nel primo caso potrebbe suonare all'incirca

«Mah, vedremo, forse un giorno», mentre nel secondo caso «Abbi pazienza fino alle undici e mezza». La differenza è palese.

Non sempre è facile essere consapevoli del contenuto implicito della propria cultura. Il non-detto culturale è una sorta di inconscio collettivo, che solo una relazione con culture diverse può servire a far venire a galla. Una signora russa della buona società si scandalizza perché un giovanotto aspetta l'ascensore accanto a lei con le mani nella tasca dei pantaloni. Fino a quando qualcuno non le dice che, in Italia, avere le mani in tasca per un maschio non è segno di maleducazione, alla signora non viene in mente di enunciare chiaro e tondo una regola non scritta: «in presenza di signore il maschio non deve mettere le mani in tasca».

A seconda dei rapporti di forza[19] esistenti tra due culture, l'interesse reciproco varia. Per esempio, una cultura periferica è molto motivata a capire anche nei dettagli il funzionamento della cultura centrale di cui è satellite. In questo caso, il mediatore culturale ha un lettore modello[20] interessato, e ha la possibilità di spiegare ciò che non appare immediatamente chiaro. Quando, viceversa, è un testo di cultura periferica a essere tradotto per una cultura centrale, il lettore modello rischia di essere molto meno disponibile a scoprire le diversità e le novità.

---

[19] Even-Zohar 1990.
[20] Eco 1991:50-66.

Cultura, traduzione e distanza cronotopica

La vecchia scuola di traduzione parla di lingua (testo ecc.) di partenza e lingua di arrivo. Questa terminologia dà per scontata una metafora geografica: tra originale e traduzione c'è una distanza fisica, quella tra "partenza" e "arrivo". Ma non è sempre così. Nei paesi multilingui, come Canada e Svizzera per esempio, sono necessarie traduzioni anche se non si percorrono chilometri. In Estonia, un terzo della popolazione è di madrelingua russa, due terzi èstone. Qui la distanza non è geografica, ma puramente linguistica. Esiste poi la distanza storica, per esempio tra l'italiano di Dante e quello che si parla oggi: qui la distanza è solo diacronica, ma non diatopica. Un'altra "distanza" è dovuta a caratteristiche che connotano un enunciato come appartenente a una certa zona della società: Nel passaggio per esempio da «Parmi d'udire un botto» a «Ma cos'è 'sto casino?», si ripete in due modi diversi la stessa reazione di una persona a un rumore improvviso, con la differenza di collocazione sociale e/o ideologica (e quindi di registro) del parlante.

Un concetto serve a descrivere le coordinate (siano esse storiche, geografiche, linguistiche, culturali ecc.) di un testo permettendo di uscire dall'angusta metafora spaziale: è quello di *cronòtopo*[21]. Un testo ha dunque determinate coordinate cronotopiche che servono a collocarlo nella cultura in cui nasce. Nella cultura in cui viene eventualmente esportato (tradotto) può avere coordinate cronotopiche simili o diverse. Per esempio, *Il dottor Živago* di Pasternàk è, per la cultura italiana, un bestseller. Ma non per la Russia, dove negli anni Sessanta molti libri si sono venduti assai più numerosi. Viceversa, il romanzo storico *Spartacus* del

---

[21] Bachtìn 1979:231-405.

romanziere italiano Raffaello Giovagnoli, del 1874, in Italia è pressoché sconosciuto, e non lo si pubblica da mezzo secolo, mentre in Russia viene ripubblicato ogni anno, ed è talmente famoso e popolare da essere servito da spunto per la scelta del nome della squadra di calcio *Spartàk*, nota in tutto il mondo. La strategia traduttiva tiene conto di queste differenze e cerca di colmare la distanza cronotopica rivolgendosi a un lettore modello – della cultura ricevente – che non necessariamente coincide con il lettore modello della cultura emittente. Nel caso del testo di Giovagnoli, che nel 1874 si sarà rivolto a un pubblico ristretto (tra l'altro, in Italia la maggior parte della popolazione era analfabeta), il suo traduttore russo ha di certo a che fare con un lettore cronotopicamente diverso: per lingua, collocazione geografica, storica e sociale.

Il lettore modello della traduzione

Quando scrive un testo, l'autore si rivolge a qualcuno. A parte il caso della corrispondenza privata, il destinatario non è mai precisamente definibile. L'autore perciò deve sforzarsi di immaginare per approssimazione a cosa è simile il proprio lettore tipo per regolarsi di conseguenza sul grado di implicitezza/esplicitezza del proprio messaggio, sul suo grado di didascalicità. Questo lettore immaginario a cui il narratore si rivolge è stato definito «lettore modello»[22], o anche «modello di lettore». La strategia comunicativa, che è sempre una strategia traduttiva, tiene conto del proprio lettore modello o, come viene chiamato nella cultura della pubblicità, del proprio target. Quando sceglie se creare una nota esplicativa, se essere più o meno ermetico, lo fa sulla base di questo modello, per evitare di creare un testo eccessivamente ridondante o eccessivamente incomprensibile[23].

---

[22] Eco 1991:50-66.
[23] Osimo 2001:79.

S'è visto sopra come una componente fondamentale di qualsiasi messaggio stia nel non-detto culturale, in ciò che è dato per scontato, che è implicato. Questa componente è legata proprio al modello di lettore, alla cultura in quanto insieme delle coordinate cronotopiche di un lettore, e non soltanto alla cultura intesa come elemento superficiale (come quando si dice «la cultura italiana»). Per esempio, un libro di testo per l'università deve essere tanto specifico da comunicare contenuti nuovi (essere interessante) per il modello di studente che lo legge, ma non troppo specifico, come sarebbe se l'autore si rivolgesse, anziché a studenti, a colleghi docenti ricercatori. D'altra parte, raramente può essere leggibile da chiunque, anche da chi sia privo di istruzione superiore, perché in questo caso risulterebbe troppo ridondante[24] per il suo modello di lettore, lo studente.

---

[24] C'è una dose di ridondanza ottimale per facilitare la comprensione del messaggio.

L'autore del testo universitario *traduce* i concetti che lo studente deve apprendere in un linguaggio equilibrato tra ridondanza e incomprensibilità. Traduce una porzione della propria cultura specialistica in modo tale che sia comprensibile anche in una cultura diversa, da non specialisti o da aspiranti specialisti. Così facendo, evita però di adottare il registro della grande divulgazione.

La dominante della traduzione

Ogni testo ha un'importanza diversa, e per motivi diversi, a seconda di chi ne fruisce. Se leggiamo l'*Evgénij Onégin* in russo a una persona che non conosce il russo, questa ne potrà apprezzare gli aspetti musicali, il ritmo originale dei tetrametri giambici, e questi aspetti acustici dell'opera ne costituiranno necessariamente l'aspetto più saliente, la dominante. Se però alla stessa persona leggessimo la traduzione italiana in prosa della stessa opera, la dominante sarebbe legata al contenuto non formale del celebre "romanzo in versi", e tutti gli aspetti fonici passerebbero in ultimo piano.

La distanza cronotopica tra una cultura e un modello di lettore può essere colmata in vari modi, a seconda di quale sia la dominante che si sceglie. Il concetto di dominante, che deriva dai formalisti russi e da Jakobson, è quello della componente attorno alla quale si focalizza il testo e che ne garantisce l'integrità[25]. Però, soprattutto per i testi che

[25] Jakobson 1987:41-46.

conservano una certa importanza nel tempo, come i classici, le possibilità di focalizzazione sono molteplici, specie quando il testo di una cultura viene tradotto per un'altra cultura, come nell'esempio del testo universitario.

Occorre quindi distinguere la dominante (o le dominanti) del testo dal punto di vista dell'autore (cultura emittente) dalla dominante (o le dominanti) del testo dal punto di vista del modello di lettore (cultura ricevente). Colui che si colloca nella funzione di mediatore culturale capisce qual è la dominante del testo per la cultura emittente e, formulando la propria strategia traduttiva, sceglie la dominante per il proprio modello di lettore. Questa interpretazione sarebbe diversa se fosse diverso l'interprete e/o se venisse scelta una dominante diversa.

Scegliere la dominante di un atto comunicativo significa spesso decidere quale caratteristica trasporre ma anche quali componenti sacrificare o lasciare in secondo piano. Ogni atto comunicativo, secondo la legge enunciata da Shannon e Weaver[26], ha la caratteristica di avere una parte di residuo. Perciò ai comunicatori conviene tenerne conto e cercare di delimitare il proprio residuo comunicativo confinandolo a zone del testo che possono essere collocate molto in basso nella gerarchia della dominante e delle relative sottodominanti.

[26] Shannon e Weaver 1949.

Due culture della traduzione: appropriazione dell'altrui versus riconoscimento dell'altrui nel proprio

S'è visto nelle sezioni precedenti che esistono due atteggiamenti di fondo nelle relazioni tra culture: ci sono culture dominanti che esercitano una forte influenza sulle altre e tendono a essere meno interessate a ciò che avviene al loro esterno, o a leggere ciò che avviene in culture diverse con i parametri e le categorie della propria cultura. E ci sono culture satellitari che per vari motivi sono molto focalizzate su una o più culture dominanti e tendono a importare molto volentieri modelli culturali da queste culture, adottandoli come stranieri.

Nella relazione con un elemento estraneo alla propria cultura, i due atteggiamenti sono così riassumibili: quando l'elemento estraneo viene appropriato negandogli l'identità di elemento estraneo, ma facendolo proprio come se fosse nato nella cultura ricevente, la preoccupazione principale è quella dell'*accet*tabilità dell'elemento per la cultura ricevente; quando invece l'elemento estraneo viene importato conservando la sua identità di elemento proveniente da una cultura esterna, la preoccupazione principale del mediatore culturale è quella dell'*adeguatezza* del testo importato rispetto alla sua identità nella cultura emittente[27].

L'atteggiamento focalizzato sull'accettabilità del testo per la cultura ricevente rischia di cancellare l'identità, l'origine del testo, di non tenere conto del fatto che si tratta di un testo importato, tradotto, che nella sua cultura d'origine ha un'identità ben precisa. In questo modo, tutte le caratteristiche del testo che lo possono far apparire diverso vengono eliminate o smussate, e la cultura che lo

---

[27] Toury 1995:57.

riceve non si arricchisce di elementi nuovi, di categorie nuove, di modi nuovi di concepire il mondo.

L'atteggiamento focalizzato sull'adeguatezza del testo alla cultura emittente rischia di rendere difficile la sua fruizione da parte del modello di lettore, ma quando ha successo è un canale molto importante per importare elementi altrui nella propria cultura, arricchendola. Tutte le caratteristiche del testo e i rimandi intertestuali del testo originale sono portate nella cultura ricevente come elementi altrui, e per questo avviene il confronto con elementi locali e, come si sa, dal confronto matura la coscienza sia delle identità sia delle differenze.

Mondializzazione o omogeneizzazione

Rispetto a epoche in cui un individuo, specie se povero, conduceva l'intera esistenza nel raggio di pochi chilometri da dov'era nato, oggi il mondo con le sue enormi possibilità di comunicazione offre a molti la possibilità di viaggiare – in modo tanto fisico che virtuale – da un capo all'altro del mondo. Come tutte le innovazioni, anche internet ha i suoi nemici nelle persone più conservatrici. Ma la teoria sistemica applicata alla culturologia, come nel caso della semiosfera di Lotman, individua molti aspetti positivi di crescita e contaminazione positiva nello scambio con culture diverse. Lo sviluppo delle comunicazioni non è univoco, può avere conseguenze piuttosto diverse.

Molto dipende dall'atteggiamento di fondo con cui si affrontano le culture diverse incontrate ai quattro capi del mondo. Se l'atteggiamento è quello dell'accettabilità, per cui qualsiasi elemento nuovo si incontri va ridimensionato e incasellato in modo da farlo rientrare in modo indolore e insapore nella cultura che lo riceve, il rischio è l'omogeneizzazione delle culture. Tutto ciò che è diverso dalle culture dominanti sarebbe fagocitato dalle culture dominanti oppure scartato in quanto diverso.

Ma l'atteggiamento opposto, di curiosità per le diversità, l'atteggiamento di rispetto delle differenze, e di uso delle differenze al fine di accrescere la propria autocoscienza culturale e, nel contempo, la propria coscienza delle culture altrui. In questo senso, grazie alle enormi potenzialità comunicative del presente, anche culture minoritarie possono avere *chance* di successo e di diffusione, e quindi di rafforzamento della propria identità.

Un ultimo esempio gastronomico per illustrare questo punto. Un formaggiaio sardo, esperto di altissimo livello in caciottine di pecora, sarebbe fallito se non avesse avuto la possibilità di vendere i propri prodotti di nicchia tramite internet. Stessa cosa vale per un liutaio russo, artigiano finissimo e creatore di balalaiche. La cosiddetta mondializzazione del presente non ha quindi come unico esito possibile l'omogeneizzazione dei gusti e delle culture, ma offre nuove possibilità di tradurre usanze e costumi nelle culture che non li conoscono e di farli apprezzare, permettendone la sopravvivenza.

Riferimenti bibliografici

Bachtìn, Mihaìl. *Estetica e romanzo. Un contributo fondamentale alla «scienza della letteratura»*. A cura di Clara Strada Janovič. Torino, Einaudi, 1979. ISBN 88-06-15420-6.

Barthes, Roland. *Miti d'oggi.* Traduzione di Lidia Lonzi. Torino, Einaudi, 1994. ISBN 88-06-13479-5.

Crowder, Robert G., Wagner, Richard K., *The psychology of reading. An introduction.* New York-Oxford,

Oxford University Press, 1992. ISBN 0-19-506594-8.

Delabastita, Dirk. *There's a double tongue. An investigation into the translation of Shakespeare's wordplay with special reference to Hamlet.* Amsterdam, Atlanta, Rodopi, 1993. ISBN 90-5183-495-0.

Eco, Umberto. *Kant e l'ornitorinco.* Milano, Bompiani, 1997, ISBN 88-452-2868-1.

Eco, Umberto. *Lector in fabula. La cooperazione interpretativa nei testi narrativi.* Milano, Bompiano, 1991. ISBN 88-452-1221-1.

Even-Zohar, Itamar. Polysystem studies. In *Poetics today*, Tel Aviv, Porter Institute for poetics and semiotics, n. 11:1, 1990.

Gorlée, Dinda L. *Semiotics and the problem of translation, with special reference to the semiotics of Charles S. Peirce.* Amsterdam, Atlanta, Rodopi, 1994. ISBN 90-5183-642-2.

Jakobson, Roman. *Language in literature.* A cura di Krystyna Pomorska e

Stephen Rudy. Cambridge (Massachusetts)-London, Belknap Harvard, 1987. ISBN 0-674-51028-3.

Levelt, Willem J. M. *Speaking: From intention to articulation.* Cambridge (massachusetts)-London, Bradford-MIT, 1993. ISBN 0-262-62089-8.

Lévi-Strauss, Claude. *Anthropologie structurale.* Paris, Plon, 1958.

Lotman, Jurij Mihajlovič. *Lekcii po struktural'noj poètike*, a cura di B.

Egorov, in *Trudy po znakovym sistemam*, n. 1, Tartu, 1964.

Lotman, Jurij Mihajlovič. *O semiosfere*, in *Trudy po znakovym sistemam*, n. 17, Tartu, 1984, p. 5-23.

Lotman, Jurij Mihajlovič. *Semiosfera*. A cura di Mihail Jur´evič Lotman. Sankt-Peterburg, Iskusstvo-SPB, 2000. ISBN 5-210-01488-6.

Osimo, Bruno. *Corso di traduzione. Prima parte - Elementi fondamentali*. Modena, Guaraldi Logos, 2000. ISBN 88-8049-193-8.

Osimo, Bruno. *Propedeutica della traduzione. Corso introduttivo con tavole sinottiche.* Milano, Hoepli, 2001. ISBN 88-203-2935-2.

Peirce, Charles Sanders. *The Collected Papers of Charles Sanders Peirce*, v. 1-6 a cura di Charles Hartshorne and Paul Weiss, v. 7-8 a cura di Arthur W. Burks, Cambridge (Massachusetts), Harvard University Press, 1931-1935, 1958.

Shannon, C. E. e Weaver, W. *The Mathematical Theory of Communication,*

Urbana (Illinois), University of Illinois Press, 1949.

Todorov, Tzvetan, a cura di. *I formalisti russi. Teoria della letteratura e metodo critico.* Prefazione di Roman Jakobson. A cura di Gian Luigi Bravo. Torino, Einaudi, 1977.

Torop, Peeter. *La traduzione totale.* A cura di Bruno Osimo. Milano, Hoepli, 2010. ISBN 88-8049-195-4.

Toury, Gideon. Descriptive translation studies and beyond.

Amsterdam-Philadelphia, Benjamins, 1995. ISBN 90-272-1606-1.

Vygotskij, Lev Semenovič. *Pensiero e linguaggio. Ricerche e psicologiche.* A cura di Luciano Mecacci. Roma-Bari, Laterza, 1990. ISBN 88-420-3588-2.

Dello stesso editore

Poesia

Osip Mandel'štàm, Pietra (edizione cartacea: La Vita Felice)
Osip Mandel'štàm, Tristia. Secondo libro (edizione cartacea: La Vita Felice)
Osip Mandel'štàm, Quaderni di Mosca (edizione cartacea: La Vita Felice)

Anna Achmàtova, Stormo bianco (edizione cartacea: La Vita Felice)
Anna Achmàtova, Rosario (edizione cartacea: La Vita Felice)
Anna Achmàtova, Sera (edizione cartacea: La Vita Felice)
Anna Achmàtova, Tutte le poesie

Marina Cvetàeva Accampamento dei cigni-Separazione (edizione cartacea: La Vita Felice)
Marina Cvetàeva Verste. Poesie 1916-1920 (edizione cartacea: La Vita Felice)
Marina Cvetàeva È ora di spegner la lanterna. Ultime poesie 1936-1941

Aleksandr Blok Crocevia (edizione cartacea: La Vita Felice)
Aleksandr Blok Città (edizione cartacea: La Vita Felice)

Aleksandr Blok Poesie sulla bellissima dama
Aleksandr Blok Ante Lucem

Dino Campana Tutte le poesie
Vladìmir Majakovskij Tutte le poesie (1912-1930)
T.S.Eliot Canzone d'amore di J. Alfred Prufrock
Cantico dei cantici
Bruno Osimo Spazio intorno allo squalo
Bruno Osimo Poesie dall'ospedale psichiatrico
Bruno Osimo Poesie apocrife di Anna Ahmàtova
Bruno Osimo A Silva
Bruno Osimo Per tenerti la mano tra coyote e cinghiale
Bruno Osimo Sguardi rubati ; Gianpaolo Tescari
Bruno Osimo Bolle d'accompagnazione
Bruno Osimo Proposta sibillina
Bruno Osimo Ce l'hai scarico da un pezzo
Bruno Osimo Sei un vaso di fiori di campo
Bruno Osimo La scoiattola d'autunno

Semiotica

Bruno Osimo Semiotica semplice
Bruno Osimo Semiotics for Beginners
Bruno Osimo Semiotica per principianti
Lev Vygótskij, Pensiero e parola
Charles Sanders Peirce Filosofia della mente
Jurij Lotman Il testo nel testo
Jurij Lotman Le tre funzioni del testo
Jurij Lotman Autocomunicazione: «Io» e «Un altro» come destinatari

Jurij Lotman Le mie memorie 1922-1940
Jurij Lotman La semiosfera: culture
Jurij Lotman La cultura e l'intelligentnost'
Jurij Lotman Il ruolo dell'arte nella cultura
Jurij Lotman Asimmetria e dialogo
Jurij Lotman Il modello della struttura bilingue
Peeter Torop La semiotica della cultura. Introduzione alla scuola di Tartu fondata da Lotman.
Peeter Torop Biografia privata di Lotman attraverso gli autoritratti. Il discorso interno di uno studioso
Peeter Torop La transmedialità dell'autocomunicazione della cultura
Peeter Torop Sugli inizi della semiotica della cultura alla luce delle tesi della scuola di Tartu-Mosca

Opere di Gógol'

Notte di maggio ovvero L'annegata
La sera della vigilia di Ivàn Kupàla
La fiera di Soróčinci
Memorie di un pazzo

Opere di Solženìcyn

L'arresto. Vivere e morire ai tempi dei gulag
L'istruttoria. Torture, false confessioni, gulag
Storia delle fogne russe. Ondate di deportazione in gulag

La donna in lager. Vita quotidiana nei gulag

Opere di Čechov

Zio Vanja
Tre sorelle
Il gabbiano
Il giardino dei ciliegi (L'amareneto)
L'insegnante di lettere
Dama con cagnolino: racconto
Casa con mezzanino (racconto di un pittore)
Racconto della signora X
L'isola di Sachalìn
La dacia nuova
A proposito dell'amore
I mužikì
Alle feste di Natale
Per affari di servizio
Nel baratro
Tre anni
Il duello
Ionyč: racconto
L'arciereo: racconto
La sposa: racconto
Kaštanka: racconto
Ragazzi: racconto
Principessa: racconto

Opere di Tolstój

Imparare a scrivere dai bambini
Infanzia

Non uccidere nessuno
Non posso stare zitto Contro la pena di morte
Su ciò che viene chiamato «arte»
Il Vangelo spiegato ai bambini
Il parassitismo
Sonata «Kreutzer»
Il desiderio sessuale
Religione e morale
Perché la gente si droga?
Perché non mangio la carne

Opere di Dostoevskij

Notti bianche
Memorie dal sottosuolo
Il villaggio di Stepànčikovo e i suoi abitanti

Opere di Leskóv

L'ebreo in Russia
Il pellegrino incantato. Il mancino
L'angelo sigillato. L'ebreo in Russia

Opere di Bulgàkov

Comune operaia № 13
Il mago nero
Ho ucciso e altri racconti

Opere di Pùškin

Evgénij Onégin

Fiabe popolari

Sivko-burko. Fiaba popolare russa

Fiaba su Ivàn-zarévič, sull'uccello-brace e sul lupo grigio. Fiaba popolare russa

Sulla traduzione

Peeter Torop Total Translation

Vlahov Florin The Translation of Realia

B., S.A. Osimo Cognitive distortion, translation distortion, and poetic distortion as semiotic shifts

Bruno Osimo On Psychological Aspects of Translation

Bruno Osimo Literary translation and terminological precision: Chekhov and his short stories

Bruno Osimo Basic notions of Translation Theory

Bruno Osimo Translation Studies. Contributions from Eastern Europe

Bruno Osimo Handbook of Translation Studies

Bruno Osimo Juri Lotman's Translation Handbook
Bruno Osimo Dictionary of Translation Studies
Bruno Osimo History of Translation
Bruno Osimo Roman Jakobson's Translation Handbook
Bruno Osimo The Translation of Culture
Bruno Osimo Prototext-metatext translation shifts
Anton Popovič La scienza della traduzione
Peeter Torop La traduzione totale
Aleksandar Lûdskanov Un approccio semiotico alla traduzione
Vlahov Florin La traduzione dei realia
Revzin Rozencvejg Manuale di semiotica della traduzione
Jiří Levý La creatività linguistica e letteraria del traduttore
Jiří Levý Stile letterario e stile traduttivo. Come si forma il traduttese
Zuzana Jettmarová Teoria ceca della traduzione
B., S.A. Osimo Distorsione cognitiva, distorsione traduttiva e distorsione poetica come cambiamenti semiotici
Bruno Osimo Manuale del traduttore di Giacomo Leopardi
Bruno Osimo Peeter Torop per la scienza della traduzione
Bruno Osimo La traduzione totale. Spunti per lo sviluppo della scienza della traduzione
Bruno Osimo Teoria della mediazione linguistica

Bruno Osimo Traduzione come metafora, traduttore come antropologo
Bruno Osimo La memoria della cultura: traduzione e tradizione in Lotman
Bruno Osimo Traduzione e nuove tecnologie
Bruno Osimo Terminologia semiotica e scienza della traduzione
Bruno Osimo La lingua non salvata
Bruno Osimo Traduzione giuridica e scienza della traduzione
Bruno Osimo Traduzione della cultura
Bruno Osimo Traduzione letteraria e precisione terminologica
Bruno Osimo Traduzione e qualità
Bruno Osimo Traduzione: aspetti mentali
Bruno Osimo La traduzione totale di Peeter Torop

Fuori collana

Federico Bario Come batteva il tamburo
Aleksandr Ânov Le origini dell'autocrazia
Anatolij Rybakov Gli anni del grande terrore
Raffaello Giovagnoli Spartaco
Mihail Arcybašev Sangue
Mikhail Artsybashev Blood
Julija Voznesenskaja Decamerone delle donne
Solomon Volkov Pietroburgo. Storia culturale
Solomon Volkov Šostakovič e Stalin: l'artista e lo zar
Howard Rheingold Comunità virtuali

Bruno Osimo Il poeta in affari veniva da molto lontano
Bruno Osimo Esercizi di stile traduttivo
Bruno Osimo Melanzane dall'antipasto al dolce
Bruno Osimo Dizionario di psicoanalisi
Poesia nascosta. Seicento ricette di cucina ebraica in Italia

www.ingramcontent.com/pod-product-compliance
Ingram Content Group UK Ltd.
Pitfield, Milton Keynes, MK11 3LW, UK
UKHW012251290726
14090UKWH00016B/600

9 788898 467945